让我告诉你

多查字典
帮助学习

朝华出版社

好儿童

高平天 (MA) 编

英汉图画字词典

EPB ILLUSTRATED DICTIONARY

THEMATIC DICTIONARY FOR PRIMARY SCHOOLS

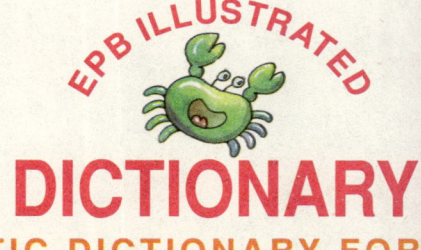

Morning Glory Publishers, Beijing

(京)新登字 138 号
责任编辑：姜成安　杜 鹃

好儿童英汉图画字词典

出版：朝华出版社
中国北京车公庄西路 35 号
邮政编码　100044
印刷：人民教育出版社印刷厂
国外发行：中国国际图书贸易总公司
　　　　　中国北京车公庄西路 35 号
　　　　　北京邮政信箱第 399 号　邮政编码　100044
国内发行：新华书店总店北京发行所独家发行
　　　　　北京西直门外北礼士路 54 号　邮政编码　100044
1997 年　　第一次印刷

教育出版私营有限公司
162 Bukit Merah Central #04-3545
Singapore 150162

编　　者　高平天
策　　划　林玉玲
执行编辑　林保蓁　蓝秉秀
封面设计　陈兴旺
绘　　图　关秉忠　华 俪　邢谷昙

本书由新加坡教育出版私营有限
公司授权，独家所有，若有翻印，盗版
必究。

ISBN 7—5054—0546—2/G・0115
88—EC—560P
定价：15.00 元

编者的话

- 本词典适合学龄前和小学低年级儿童使用。

- 本词典以最新的概念编写。全书分成44个主题，以彩图介绍基本词，并提供和各主题有关的参考词，让儿童在学习过程中掌握更多词语。

- 本词典收录了1600多个常用词，并提供汉语拼音、英文字义，以帮助儿童理解词义，提高中、英文程度。

- 本词典在图画上标上数目字。儿童学习时，可先猜图画所代表的词语，再看书上所提供的词语，以加强学习效果。

Editor's Note

This dictionary is suitable for use by pre-schoolers and junior primary school students.

Compiled with the most up-to-date concepts, this dictionary consists of 44 subjects. The basic words for each subject are illustrated by color pictures, and related words are provided for the students to master more words in the course of their study.

More than 1,600 daily-use words (characters) are included in this dictionary, all provided with the Hanyu Pinyin and English translations to help the children understand their meaning and improve their Chinese and English level.

Each of the pictures is accompanied by a numeral, while studying, the children may first guess the words represented by the pictures and then look up the words given in the book, so as to enhance the results of their study.

目录

1. 我的身体 My body 2
2. 我的家人和亲戚 My family and relatives 4
3. 我的三餐 My three meals 6
4. 对你有益的蔬菜 Vegetables that are good for you 8
5. 我喜欢吃的水果 Fruits I like to eat 10
6. 茶点时间 Teatime 12
7. 饮料和零食 Drinks and snacks 14
8. 我们的衣物 Our clothing 16
9. 我住的房子 My house 18
10. 我的客厅 My sitting room 20
11. 我的厨房 My kitchen 22
12. 我的卧室 My bedroom 24
13. 我的书房 My study 26
14. 我的浴室 My bathroom 28
15. 爸爸妈妈的工具 My parents' tools 30
16. 我的学校 My school 32
17. 我的教室 My classroom 34
18. 数一数 Let's count 36
19. 日子 Days 38
20. 颜色 Colours 40
21. 形状 Shapes 42
22. 量词 Words that classify 44
23. 我们来比一比 Let's make comparison 46

24. 你在哪里？ Where are you? 48
25. 我的玩具 My toys 50
26. 书本和文具 Books and stationery 52
27. 球类和运动 Sports and games 54
28. 乐器 Musical instruments 56
29. 我的爱好 My hobbies 58
30. 海边、公园和游戏场 The seaside, park and playground 60
31. 建筑物 Buildings 62
32. 花草树木 Plants 64
33. 小小昆虫 Insects 66
34. 动物园 At the zoo 68
35. 飞禽 Birds 70
36. 水里的动物 Animals that live in the water 72
37. 天气好不好？ How is the weather? 74
38. 大自然 Nature 76
39. 路上的交通工具 Road transport 78
40. 海上的交通工具 Sea transport 80
41. 空中的交通工具 Air transport 82
42. 职业 Occupations 84
43. 节日和庆典 Festivals and special occasions 86
44. 国家和国旗 Nations and national flags 88
    索引 Index 90

1 我的身体
My body

1. 头 (tóu) head
2. 眼睛 (yǎn jing) eye
3. 牙齿 (yá chǐ) teeth
4. 眉毛 (méi mao) eyebrow
5. 嘴 (zuǐ) mouth
6. 头发 (tóu fa) hair
7. 鼻子 (bí zi) nose

8. 舌头 (shé tou) tongue
9. 鼻孔 (bí kǒng) nostrils
10. 肚子 (dù zi) abdomen
11. 腰 (yāo) waist
12. 胸 (xiōng) chest

13. 耳朵 (ěr duo) ear
14. 脸 (liǎn) face
15. 脖子 (bó zi) neck
16. 嘴唇 (zuǐ chún) lips
17. 肩膀 (jiān bǎng) shoulder
18. 屁股 (pì gǔ) buttocks
19. 脚 (jiǎo) foot
20. 手 (shǒu) hand

参考词

身体 (shēn tǐ) body
头脑 (tóu nǎo) brain
脸色 (liǎn sè) complexion
额头 (é tóu) forehead
眼皮 (yǎn pí) eyelid
嘴巴 (zuǐ ba) mouth
下巴 (xià ba) chin
腹 (fù) abdomen
背 (bèi) back
皮肤 (pí fū) skin
手臂 (shǒu bì) arm
手掌 (shǒu zhǎng) palm
拳头 (quán tou) fist
手指 (shǒu zhǐ) fingers
手指甲 (shǒu zhī jia) fingernail
大腿 (dà tuǐ) thigh
小腿 (xiǎo tuǐ) shin
膝盖 (xī gài) knee

2 我的家人和亲戚
My family and relatives

1. 爷爷 (yé ye) grandfather [father of one's father]
2. 奶奶 (nǎi nai) grandmother [mother of one's father]
3. 爸爸 (bà ba) father
4. 妈妈 (mā ma) mother
5. 哥哥 (gē ge) elder brother

6. 姐姐 (jiě jie) elder sister
7. 弟弟 (dì di) younger brother
8. 妹妹 (mèi mei) younger sister
9. 我 (wǒ) I
10. 我们 (wǒ men) we
11. 你 (nǐ) you
12. 你们 (nǐ men) you (plural)
13. 她 (tā) she
14. 他 (tā) he
15. 他们 (tā men) they

参考词

外公 (wài gōng) grandfather [father of one's mother]

外婆 (wài pó) grandmother [mother of one's mother]

姑父 (gū fù) uncle [husband of one's father's sister]

姑妈 (gū mā) aunt [one's father's sister]

父亲 (fù qīn) father

母亲 (mǔ qīn) mother

姨父 (yí fù) uncle [husband of one's mother's sister]

姨妈 (yí mā) aunt [one's mother's sister]

伯父 (bó fù) uncle [older brother of one's father]

伯母 (bó mǔ) aunt [wife of one's father's older brother]

叔叔 (shū shu) uncle [younger brother of one's father]

婶婶 (shěn shen) aunt [wife of one's father's younger brother]

3 我的三餐
My three meals

1. 鸡肉 (jī ròu) chicken
2. 鸭肉 (yā ròu) duck
3. 猪肉 (zhū ròu) pork
4. 牛肉 (niú ròu) beef
5. 羊肉 (yáng ròu) mutton
6. 牛排 (niú pái) steak
7. 面条 (miàn tiáo) noodles

8. 米粉 (mǐ fěn) rice vermicelli
9. 河粉 (hé fěn) kway teow
10. 鱼肉 (yú ròu) fish
11. 米饭 (mǐ fàn) rice
12. 罐头 (guàn tou) canned food
13. 鸡蛋 (jī dàn) egg
14. 汤 (tāng) soup

参考词

食物 (shí wù) food
饿 (è) hungry
吃饭 (chī fàn) have a meal
食量 (shí liàng) appetite
烘烤 (hōng kǎo) toast; bake
肉 (ròu) meat
吃饱 (chī bǎo) full
早餐 (zǎo cān) breakfast
午餐 (wǔ cān) lunch
晚餐 (wǎn cān) dinner
咸 (xián) salty
丰富 (fēng fù) rich; plentiful
全部 (quán bù) all
熟 (shú) ripe; cooked
所有 (suǒ yǒu) all
足够 (zú gòu) enough
饭菜 (fàn cài) meal
美味 (měi wèi) delicious food
炒 (chǎo) fry
煮 (zhǔ) cook
快餐 (kuài cān) fast food
味道 (wèi dao) taste
卫生 (wèi shēng) hygiene
海鲜 (hǎi xiān) seafood

7

4 对你有益的蔬菜
Vegetables that are good for you

1. 菜花 (cài huā) cauli-flower
2. 黄瓜 (huáng guā) cucumber
3. 豌豆 (wān dòu) peas
4. 江豆 (jiāng dòu) string bean
5. 南瓜 (nán guā) pumpkin
6. 生菜 (shēng cài) lettuce

7. 马铃薯 (mǎ líng shǔ) potato
8. 葱 (cōng) spring onion
9. 玉米 (yù mǐ) maize
10. 元白菜 (yuán bái cài) cabbage
11. 番茄 (fān qié) tomato
12. 茄子 (qié zi) eggplant; aubergine
13. 空心菜 (kōng xīn cài) water spinach
14. 蒜头 (suàn tóu) leek
15. 辣椒 (là jiāo) chilli
16. 豆芽 (dòu yá) bean sprouts
17. 菠菜 (bō cài) spinach
18. 白菜 (bái cài) Chinese white cabbage
19. 苋菜 (xiàn cài) amaranth

参考词

青菜 (qīng cài) green vegetables
蔬菜 (shū cài) vegetables
新鲜 (xīn xiān) fresh
菜园 (cài yuán) vegetable farm
买 (mǎi) buy
卖 (mài) sell
好吃 (hǎo chī) delicious
吃 (chī) eat
有益 (yǒu yì) good for
辣 (là) spicy
苦 (kǔ) bitter
苦瓜 (kǔ guā) bitter gourd
芥蓝 (gài lán) kale
本地 (běn dì) local

5 我喜欢吃的水果
Fruits I like to eat

1. 甘蔗 (gān zhe) sugar-cane
2. 椰子 (yē zi) coconut
3. 梨 (lí) pear
4. 西瓜 (xī guā) watermelon
5. 木瓜 (mù guā) papaya
6. 羊桃 (yáng táo) starfruit
7. 柠檬 (níng méng) lemon

8. 草莓 (cǎo méi) strawberry
9. 樱桃 (yīng táo) cherry
10. 菠萝 (bō lúo) pineapple
11. 红毛丹 (hóng máo dān) rambutans
12. 芒果 (máng guǒ) mango
13. 香蕉 (xiāng jiāo) banana
14. 榴梿 (liú lián) durian
15. 山竹 (shān zhú) mangosteen
16. 桔子 (jú zi) tangerine
17. 桃 (táo) peach
18. 桂圆 (guì yuán) longans
19. 荔枝 (lì zhī) lychees
20. 葡萄 (pú táo) grapes
21. 苹果 (píng guǒ) apple
22. 橙子 (chéng zi) orange

参考词

果园 (guǒ yuán) orchard
水果 (shuǐ guǒ) fruit
香甜 (xiāng tián) fragrant and sweet
果皮 (guǒ pí) peel
烂 (làn) rot
酸 (suān) sour
甜 (tián) sweet
甜美 (tián měi) sweet; luscious
香 (xiāng) fragrant
进口 (jìn kǒu) import
难忘 (nán wàng) unforgettable
失望 (shī wàng) disappointed
借 (jiè) borrow
偷 (tōu) steal
试 (shì) try
购物 (gòu wù) buy
果肉 (guǒ ròu) the flesh of a fruit

11

6 茶点时间
Teatime

1. 馅饼 (xiàn bǐng) pie
2. 包子 (bāo zi) stuffed bun
3. 香肠 (xiāng cháng) sausage
4. 热狗 (rè gǒu) hot dog
5. 面包 (miàn bāo) bread
6. 炸薯条 (zhá shǔ tiáo) potato chips

7. 汉堡包 (hàn bǎo bāo) hamburger
8. 月饼 (yuè bing) moon cake
9. 黄油 (huáng yóu) butter
10. 蛋糕 (dàn gāo) cake
11. 果酱 (guǒ jiàng) jam
12. 三明治 (sān míng zhì) sandwich
13. 饼干 (bǐng gān) biscuit

参考词

花生酱 (huā shēng jiàng) peanut butter
奶酪 (nǎi lào) cheese
火腿 (huǒ tuǐ) ham
沙拉 (shā là) salad
榴梿糕 (liú lián gāo) durian cake
糕饼 (gāo bǐng) cake
油条 (yóu tiáo) deep-fried twisted dough sticks
早点 (zǎo diǎn) morning snack
茶点 (chá diǎn) refreshment
茶话会 (chá huà huì) tea party
安排 (ān pái) arrange
报到 (bào dào) report for duty
时间 (shí jiān) time
现在 (xiàn zài) now
改天 (gǎi tiān) another day
当天 (dàng tiān) the same day
立刻 (lì kè) at once
马上 (mǎ shàng) at once
每天 (měi tiān) every day
这时 (zhè shí) now; at this moment
随时 (suí shí) at any time
几时 (jǐ shí) when
贪吃 (tān chī) greedy for food
贪心 (tān xīn) greedy

13

7 饮料和零食
Drinks and snacks

1. 茶 (chá) tea
2. 咖啡 (kā fēi) coffee
3. 牛奶 (niú nǎi) milk
4. 橙汁 (chéng zhī) orange juice
5. 汽水 (qì shuǐ) soft drink
6. 巧克力 (qiǎo kè lì) chocolate
7. 冰淇淋 (bīng qí lín) ice cream

8. 开水 (kāi shuǐ) plain water
9. 瓜子 (guā zǐ) melon seeds
10. 糖果 (táng guǒ) candy
11. 花生 (huā shēng) peanut

参考词

饮料 (yǐn liào) drinks
零食 (líng shí) snacks
果汁 (guǒ zhī) fruit juice
菊花茶 (jú huā chá) chrysanthemum tea
鲜奶 (xiān nǎi) fresh milk
奶粉 (nǎi fěn) milk powder
茶叶 (chá yè) tea leave
可口 (kě kǒu) delicious
冰凉 (bīng liáng) ice-cold
口渴 (kǒu kě) thirsty
清凉 (qīng liáng) cool and refreshing
喝 (hē) drink
拿 (ná) take
说 (shuō) speak
说话 (shuō huà) talk
谈话 (tán huà) talk
笑容 (xiào róng) smiling expression
主要 (zhǔ yào) main
重要 (zhòng yào) important
要紧 (yào jǐn) important
本事 (běn shì) ability
成功 (chéng gōng) success; succeed
出名 (chū míng) famous; well-known
有名 (yǒu míng) famous
了不起 (liǎo bu qǐ) extraordinary
谈天 (tán tiān) chat
然后 (rán hòu) then; after

8 我们的衣物
Our clothing

1. 眼镜 (yǎn jìng) spectacles
2. 上衣 (shàng yī) shirt
3. 领带 (lǐng dài) tie
4. 袜子 (wà zi) socks
5. 运动鞋 (yùn dòng xié) sports shoes
6. 拖鞋 (tuō xié) slippers

7. 皮鞋 (pí xié) shoes
8. 外套 (wài tào) jacket
9. 裙子 (qún zi) skirt
10. 手提包 (shǒu tí bāo) handbag
11. 背心 (bèi xīn) singlet
12. 手表 (shǒu biǎo) watch
13. 皮带 (pí dài) belt
14. 丝袜 (sī wà) stocking
15. 手巾 (shǒu jīn) handkerchief
16. 帽子 (mào zi) hat
17. 睡衣 (shuì yī) pyjamas
18. 长裤 (cháng kù) long pants
19. 雨衣 (yǔ yī) raincoat
20. 校服 (xiào fú) school uniform
21. 短裤 (duǎn kù) shorts
22. 纸巾 (zhǐ jīn) tissue paper

参考词

衣服 (yī fu) clothes

衣物 (yī wù) clothing

服装 (fú zhuāng) attire

时装 (shí zhuāng) fashionable clothes

制服 (zhì fú) uniform

大衣 (dà yī) coat

衬衫 (chèn shān) shirt

毛衣 (máo yī) woollen sweater

围裙 (wéi qún) apron

口袋 (kǒu dài) pocket

袋子 (dài zi) sack; bag

钮扣 (niǔ kòu) button

拉链 (lā liàn) zipper

布 (bù) cloth

换 (huàn) change

9 我住的房子
My house

3. 大门 (dà mén) main gate
4. 防盗门 (fáng dào mén) iron gate; grille
1. 门铃 (mén líng) doorbell
5. 花篮 (huā lán) flower basket
2. 门牌 (mén pái) house number
6. 信箱 (xìn xiāng) letter box

7. 电梯 (diàn tī) lift
8. 走廊 (zǒu láng) corridor
9. 围墙 (wéi qiáng) enclosure
10. 单元房 (dān yuán fáng) flat
11. 天线 (tiān xiàn) antenna
12. 楼梯 (lóu tī) stairs
13. 公寓 (gōng yù) apartment
14. 锁 (suǒ) lock
15. 钥匙 (yào shi) key
16. 停车场 (tíng chē chǎng) car park
17. 雨水沟 (yǔ shuǐ gōu) drain
18. 篱笆 (lí ba) fence
19. 栏杆 (lán gān) railing

参考词

房子 (fáng zi) house
房屋 (fáng wū) house
屋子 (wū zi) house
家 (jiā) home
家庭 (jiā tíng) family
住 (zhù) live
门 (mén) door
木板 (mù bǎn) wooden plank
天花板 (tiān huā bǎn) ceiling
门口 (mén kǒu) entrance
看门 (kān mén) watch over the house
看守 (kān shǒu) keep watch
楼上 (lóu shàng) upstairs
楼下 (lóu xià) downstairs

10 我的客厅
My sitting room

1. 鞋柜 (xié guì) shoe rack
2. 钟 (zhōng) clock
3. 花瓶 (huā píng) vase
4. 墙壁 (qiáng bì) wall
5. 鱼缸 (yú gāng) fish tank
6. 电灯 (diàn dēng) lamp
7. 橱柜 (chú guì) cabinet

8. 电话 (diàn huà) telephone
9. 窗帘 (chuāng lián) curtain
10. 窗 (chuāng) window
11. 录像机 (lù xiàng jī) video-recorder
12. 电视机 (diàn shì jī) television
13. 地板 (dì bǎn) floor
14. 电风扇 (diàn fēng shàn) fan
15. 沙发 (shā fā) sofa
16. 地毯 (dì tǎn) carpet
17. 茶几 (chá jī) coffee-table
18. 垫子 (diàn zi) rug

参考词

客厅 (kè tīng) sitting room
家具 (jiā jù) furniture
靠背椅 (kào bèi yǐ) armchair
吊扇 (diào shàn) ceiling fan
壁灯 (bì dēng) wall lamp
灯泡 (dēng pào) bulb
烟灰缸 (yān huī gāng) ashtray
电视节目 (diàn shì jié mù) television programme
录像带 (lù xiàng dài) video tape
窗户 (chuāng hù) window
鲜花 (xiān huā) fresh flowers
纸花 (zhǐ huā) paper flower
家务 (jiā wù) housework
帮助 (bāng zhù) help
帮忙 (bāng máng) help
料理 (liào lǐ) manage
丢 (diū) throw
忙 (máng) busy
手电筒 (shǒu diàn tǒng) torch
电池 (diàn chí) battery

11 我的厨房
My kitchen

1. 壁橱 (bì chú) cabinet
2. 杯子 (bēi zi) cup
3. 烘面包机 (hōng miàn bāo jī) toaster
4. 水壶 (shuǐ hú) kettle
5. 电饭锅 (diàn fàn guō) rice cooker

6. 洗衣机 (xǐ yī jī) washing machine
7. 扫把 (sào bǎ) broom
8. 冰箱 (bīng xiāng) refrigerator
9. 篮子 (lán zi) basket
10. 盘 (pán) plate
11. 碗 (wǎn) bowl
12. 水池子 (shuǐ chí zi) basin
13. 刀子 (dāo zi) knife
14. 锅 (guō) pot
15. 炉子 (lú zi) stove
16. 拖把 (tuō bǎ) mop
17. 桶 (tǒng) pail
18. 茶壶 (chá hú) teapot
19. 桌子 (zhuō zi) table
20. 热水瓶 (rè shuǐ píng) thermos flask
21. 汤匙 (tāng chí) spoon
22. 筷子 (kuài zi) chopsticks
23. 叉 (chā) fork
24. 椅子 (yǐ zi) chair

参考词

厨房 (chú fáng) kitchen
电器 (diàn qì) electrical appliances
煤气炉 (méi qì lú) gas cooker
微波炉 (wēi bō lú) microwave oven
平底锅 (píng dǐ guō) pan
抽油烟机 (chōu yóu yān jī) cooker hood
盐 (yán) salt
糖 (táng) sugar
酱油 (jiàng yóu) dark soya bean sauce
菜篮 (cài lán) vegetable basket

12 我的卧室
My bedroom

1. 闹钟 (nào zhōng) alarm clock
2. 床 (chuáng) bed
3. 枕头 (zhěn tou) pillow
4. 衣橱 (yī chú) wardrobe
5. 皮箱 (pí xiāng) leather suitcase
6. 衣架 (yī jià) clothes hanger
7. 毯子 (tǎn zi) blanket

8. 镜子 (jìng zi) mirror
9. 发蜡 (fà là) hair cream
10. 指甲油 (zhī jia yóu) nail polish
11. 口红 (kǒu hóng) lipstick
12. 发油 (fà yóu) hair oil

13. 梳妆台 (shū zhuāng tái) dressing table
14. 粉 (fěn) powder
15. 梳子 (shū zi) comb

参考词

卧室 (wò shì) bedroom
房间 (fáng jiān) room
睡觉 (shuì jiào) sleep
躺 (tǎng) lie
累 (lèi) tired
甜蜜 (tián mì) sweet
起床 (qǐ chuáng) wake up
收拾 (shōu shi) tidy up
打扫 (dǎ sǎo) sweep; clean
扫地 (sǎo dì) sweep the floor
鸡毛掸子 (jī máo dǎn zi) feather duster
吸尘器 (xī chén qì) vacuum cleaner
底下 (dǐ xià) under; beneath
角落 (jiǎo luò) corner
美观 (měi guān) beautiful
水瓶 (shuǐ píng) water bottle
瓶子 (píng zi) bottle
瓶盖 (píng gài) cap
习惯 (xí guàn) used to
冷气 (lěng qì) air-conditioning
感冒 (gǎn mào) catch a cold
看病 (kàn bìng) see a doctor
病假 (bìng jià) sick leave
病房 (bìng fáng) hospital ward

13 我的书房
My study

1. 挂历 (guà lì) calendar
2. 箱子 (xiāng zi) box
3. 书橱 (shū chú) bookcase
4. 空调机 (kōng tiáo jī) air- conditioner
5. 存钱罐 (cún qián guàn) money box

7. 录音机 (lù yīn jī) recorder
8. 台灯 (tái dēng) table lamp
9. 电脑 (diàn nǎo) computer
10. 网球拍 (wǎng qiú pāi) racket
11. 抽屉 (chōu tì) drawer

12. 书桌 (shū zhuō) desk
13. 相片 (xiàng piàn) photograph
14. 相簿 (xiàng bù) photo album

参考词

书房 (shū fáng) study
书架 (shū jià) book shelf
架子 (jià zi) shelf; stand
整齐 (zhěng qí) in good order
整洁 (zhěng jié) clean and tidy; neat
杂乱 (zá luàn) mixed and disorderly
明亮 (míng liàng) bright
干净 (gān jìng) clean
洁白 (jié bái) pure white
清洁 (qīng jié) clean
静 (jìng) quiet
写字 (xiě zì) writing
毛笔 (máo bǐ) writing brush
明信片 (míng xìn piàn) postcard
温习 (wēn xí) review
作文 (zuò wén) composition
打字 (dǎ zì) type
打字机 (dǎ zì jī) typewriter
纪念品 (jì niàn pǐn) souvenir
电插座 (diàn chā zuò) plug; socket
录音带 (lù yīn dài) cassette tape
玻璃杯 (bō li bēi) glass
纸盘 (zhǐ pán) paper plate
纸杯 (zhǐ bēi) paper cup

14 我的浴室
My bathroom

1. 浴帘 (yù lián) shower curtain
2. 毛巾 (máo jīn) towel
3. 浴巾 (yù jīn) bath towel
4. 喷头 (pēn tóu) shower
5. 热水器 (rè shuǐ qì) heater
6. 浴帽 (yù mào) shower cap

7. 水龙头 (shuǐ lóng tóu) tap
8. 洗脸盆 (xǐ liǎn pén) washbasin
9. 肥皂 (féi zào) soap
10. 洗发水 (xǐ fà shuǐ) shampoo
11. 浴缸 (yù gāng) bathtub
12. 牙膏 (yá gāo) toothpaste
13. 牙刷 (yá shuā) toothbrush
14. 抽水马桶 (chōu shuǐ mǎ tǒng) toilet bowl
15. 卫生纸 (wèi shēng zhǐ) toilet paper

参考词

浴室 (yù shì) bathroom
厕所 (cè suǒ) toilet
冲凉 (chōng liáng) take a bath
水缸 (shuǐ gāng) water vat
刷牙 (shuā yá) to brush one's teeth
洗手 (xǐ shǒu) to wash one's hand
洗脸 (xǐ liǎn) to wash one's face
洗刷 (xǐ shuā) scrub
冲洗 (chōng xǐ) wash
洗衣 (xǐ yī) to do one's laundry
海绵 (hǎi mián) sponge
全身 (quán shēn) whole body
洗澡 (xǐ zǎo) take a bath
擦 (cā) rub
抹 (mā) wipe
摸 (mō) touch
满 (mǎn) full
耐用 (nài yòng) last a long time
抬 (tái) carry
抬头 (tái tóu) raise one's head
出力 (chū lì) do one's part

15 爸爸妈妈的工具
My parents' tools

1. 锯子 (jù zi) saw
2. 斧子 (fǔ zi) axe
3. 锤子 (chuí zi) hammer
4. 电钻 (diàn zuàn) electric drill
5. 刷子 (shuā zi) brush
6. 钳子 (qián zi) pliers
7. 螺丝刀 (luó sī dāo) screwdriver

8. 扳子 (bān zi) spanner
9. 螺丝 (luó sī) screw
10. 钉 (dīng) nail
11. 针 (zhēn) needle
12. 线 (xiàn) thread

13. 指甲刀 (zhǐ jia dāo) nail clippers

参考词

工具 (gōng jù) tool; instrument
用具 (yòng jù) tool; instrument
用品 (yòng pǐn) articles for use
器具 (qì jù) utensil
铁锤 (tiě chuí) iron hammer
修理 (xiū lǐ) repair
插头 (chā tóu) plug
绳子 (shéng zi) rope
望远镜 (wàng yuǎn jìng) telescope
干电池 (gān diàn chí) battery
油漆 (yóu qī) paint
蜡烛 (là zhú) candle
扇子 (shàn zi) fan
货品 (huò pǐn) kinds of goods
贩卖 (fàn mài) sell
金钱 (jīn qián) money
还给 (huán gěi) return; give back
付钱 (fù qián) pay a sum of money
生意 (shēng yi) business
退回 (tuì huí) return
上当 (shàng dàng) be fooled
设备 (shè bèi) equipment
齐全 (qí quán) complete
工地 (gōng dì) construction site
耕种 (gēng zhòng) cultivate
煤矿 (méi kuàng) coal mine
下种 (xià zhǒng) sow (seeds)

31

16 我的学校
My school

1. 教室 (jiào shì) classroom
2. 礼堂 (lǐ táng) school hall
3. 篮球场 (lán qiú chǎng) basketball court
4. 布告板 (bù gào bǎn) notice board
5. 老师 (lǎo shī) teacher

6. 班长 (bān zhǎng) class monitor
7. 工友 (gōng yǒu) school attendant
8. 校园 (xiào yuán) campus
9. 校长室 (xiào zhǎng shì) principal's office
10. 办公室 (bàn gōng shì) general office
11. 教员室 (jiào yuán shì) teacher's room
12. 食堂 (shí táng) tuck-shop
13. 操场 (cāo chǎng) school field
14. 运动场 (yùn dòng chǎng) field

参考词

学校 (xué xiào) school
美术室 (měi shù shì) art room
音乐室 (yīn yuè shì) music room
小学 (xiǎo xué) primary school
中学 (zhōng xué) secondary school
上学 (shàng xué) go to school
放学 (fàng xué) classes are over
上课 (shàng kè) attend class
下课 (xià kè) finish class
升旗仪式 (shēng qí yí shì) flag-raising ceremony
早操 (zǎo cāo) morning exercise
休息 (xiū xi) rest; break
行礼 (xíng lǐ) salute
学费 (xué fèi) school fees
开学 (kāi xué) the school term starts
放假 (fàng jià) on holiday
学期 (xué qī) school term
读书 (dú shū) study
功课 (gōng kè) school work
考场 (kǎo chǎng) examination hall or room

33

17 我的教室
My classroom

1. 黑板 (hēi bǎn) blackboard
2. 粉笔 (fěn bǐ) chalk
3. 板擦 (bǎn cā) duster
4. 地图 (dì tú) map
5. 挂图 (guà tú) picture chart
6. 壁报板 (bì bào bǎn) notice board

7. 识字卡 (shí zì kǎ) word card
8. 字纸篓 (zì zhǐ lǒu) waste-paper basket
9. 学生 (xué sheng) pupil

参考词

同学 (tóng xué) schoolmate
教练 (jiào liàn) coach
年级 (nián jí) grade
点名 (diǎn míng) mark the attendance of
坐位 (zuò wèi) seat
值日生 (zhí rì shēng) student on duty
教书 (jiāo shū) teach
教导 (jiào dǎo) teach ; instruct
教具 (jiào jù) teaching aid
教训 (jiào xun) teach or correct someone
讲课 (jiǎng kè) teach
讲解 (jiǎng jiě) explain
科目 (kē mù) subject
科学 (kē xué) science
口试 (kǒu shì) oral examination
知识 (zhī shi) knowledge
常识 (cháng shí) general knowledge
作业 (zuò yè) school assignment
学业 (xué yè) school work
仔细 (zǐ xì) attentive
详细 (xiáng xì) detailed
用功 (yòng gōng) hardworking
用心 (yòng xīn) diligently
细心 (xì xīn) attentive
专心 (zhuān xīn) concentrate one's attention

35

18 数一数
Let's count

1. 一 (yī) one
2. 二 (èr) two
3. 三 (sān) three
4. 四 (sì) four
5. 五 (wǔ) five
6. 六 (liù) six
7. 七 (qī) seven

8. 八 (bā) eight
9. 九 (jiǔ) nine
10. 十 (shí) ten
11. 十一 (shí yī) eleven
12. 十二 (shí èr) twelve
13. 二十 (èr shí) twenty
14. 一百 (yī bǎi) one hundred
15. 一千 (yī qiān) one thousand
16. 一万 (yī wàn) ten thousand

参考词

数 (shǔ) count
数目 (shù mù) number
数学 (shù xué) mathematics
加 (jiā) add
减 (jiǎn) subtract
乘 (chéng) multiply
除 (chú) divide
加倍 (jiā bèi) double
减少 (jiǎn shǎo) reduce
平分 (píng fēn) divide equally
正确 (zhèng què) correct
大多数 (dà duō shù) majority
动脑筋 (dòng nǎo jīn) think; use one's brains
价钱 (jià qian) price
完成 (wán chéng) complete
能力 (néng lì) ability
能够 (néng gòu) possible; can
没有 (méi yǒu) do not have
爱护 (ài hù) take good care of
天真 (tiān zhēn) innocent
顽皮 (wán pí) naughty
害羞 (hài xiū) shy
歹徒 (dǎi tú) scoundrel

19 日子
Days

1. 一月 (yī yuè) January
2. 二月 (èr yuè) February
3. 三月 (sān yuè) March
4. 四月 (sì yuè) April
5. 五月 (wǔ yuè) May
6. 六月 (liù yuè) June
7. 七月 (qī yuè) July

8. 八月 (bā yuè) August
9. 九月 (jiǔ yuè) September
10. 十月 (shí yuè) October
11. 十一月 (shí yī yuè) November
12. 十二月 (shí èr yuè) December

13. 早上 (zǎo shang) morning
14. 下午 (xià wǔ) afternoon
15. 晚上 (wǎn shang) night
16. 白天 (bái tiān) daytime
17. 假期 (jià qī) holidays

参考词

星期 (xīng qī) week
星期一 (xīng qī yī) Monday
星期二 (xīng qī èr) Tuesday
星期三 (xīng qī sān) Wednesday
星期四 (xīng qī sì) Thursday
星期五 (xīng qī wǔ) Friday
星期六 (xīng qī liù) Saturday
星期日 (xīng qī rì) Sunday
日期 (rì qī) date
时候 (shí hòu) time; moment
前天 (qián tiān) the day before yesterday
昨天 (zuó tiān) yesterday
今天 (jīn tiān) today
明天 (míng tiān) tomorrow
天亮 (tiān liàng) daybreak
早晨 (zǎo chen) early morning
早晨好 (zǎo chen hǎo) good morning
上午 (shàng wǔ) morning
中午 (zhōng wǔ) noon
傍晚 (bàng wǎn) evening
今晚 (jīn wǎn) tonight
晚安 (wǎn ān) goodnight

39

20 颜色
Colours

1. 蓝色 (lán sè) blue
2. 黑色 (hēi sè) black
3. 白色 (bái sè) white
4. 黄色 (huáng sè) yellow
5. 红色 (hóng sè) red
6. 褐色 (hè sè) brown
7. 绿色 (lǜ sè) green

8. 灰色 (huī sè) grey
9. 粉红色 (fěn hóng sè) pink
10. 橙色 (chéng sè) orange
11. 紫色 (zǐ sè) purple

参考词

颜色 (yán sè) colour
彩色 (cǎi sè) colour
棕色 (zōng sè) brown
青色 (qīng sè) green
金色 (jīn sè) gold
鲜艳 (xiān yàn) bright-coloured
美丽 (měi lì) beautiful
漂亮 (piào liang) pretty
样子 (yàng zi) appearance; shape
差不多 (chà bu duō) almost; nearly
难看 (nán kàn) ugly
眼力 (yǎn lì) eyesight
近视 (jìn shi) shortsightedness
感觉 (gǎn jué) sense
觉得 (jué de) feel
感到 (gǎn dào) feel
感动 (gǎn dòng) touch
懒惰 (lǎn duò) lazy
偷懒 (tōu lǎn) avoid doing work
勤劳 (qín láo) diligent
吃苦 (chī kǔ) bear hardships
成为 (chéng wéi) become
办法 (bàn fǎ) way ; idea
必定 (bì dìng) surely
比如 (bǐ rú) for example
不但 (bù dàn) not only
人们 (rén men) people
先生 (xiān sheng) mister (Mr)
小姐 (xiǎo jiě) Miss

21 形状
Shapes

1. 心形 (xīn xíng) heart
2. 圆形 (yuán xíng) circular; round
3. 菱形 (líng xíng) diamond
4. 椭圆形 (tuǒ yuán xíng) oval
5. 三角形 (sān jiǎo xíng) triangle
6. 长方形 (cháng fāng xíng) rectangle

7. 星形 (xīng xíng) star
8. 正方形 (zhèng fāng xíng) square

参考词

形状 (xíng zhuàng) shape

面积 (miàn jī) area
体积 (tǐ jī) volume
圆规 (yuán guī) compasses
四边形 (sì biān xíng) quadrilateral
多边形 (duō biān xíng) polygon
体形 (tǐ xíng) bodily form
图形 (tú xíng) graph; figure
外形 (wài xíng) appearance
圆圈 (yuán quān) circle
扁平 (biǎn píng) flat
好看 (hǎo kàn) good-looking; interesting
一样 (yī yàng) the same
不同 (bù tóng) different
改变 (gǎi biàn) change
填充 (tián chōng) fill in the blanks (in an exercise)
把戏 (bǎ xì) trick; juggling
不断 (bù duàn) continuously
记住 (jì zhù) bear in mind; remember
可以 (kě yǐ) can; may
城市 (chéng shì) city; town
平面 (píng miàn) plane
平面图 (píng miàn tú) plan
立体 (lì tǐ) three-dimensional
模型 (mó xíng) model
圆柱 (yuán zhù) cylinder
长方体 (cháng fāng tǐ) cuboid
球体 (qiú tǐ) spheroid
圆周 (yuán zhōu) circumference
圆锥 (yuán zhuī) cone

22 量词
words that classify

1. 一片叶子 (yī piàn yè zi) a leaf
2. 一只鸟 (yī zhī niǎo) a bird
3. 一座山 (yī zuò shān) a mountian
4. 一面旗 (yī miàn qí) a flag
5. 一间房子 (yī jiān fáng zi) a house
6. 一辆汽车 (yī liàng qì chē) a car

7. 一棵树 (yī kē shù) a tree
8. 一口井 (yī kǒu jǐng) a well
9. 一头牛 (yī tóu niú) a cow
10. 一匹马 (yī pǐ mǎ) a horse
11. 一座桥 (yī zuò qiáo) a bridge

12. 一本书 (yī běn shū) a book
13. 一包糖果 (yī bāo táng guǒ) a packet of candy
14. 一杯茶 (yī bēi chá) a cup of tea
15. 一个蛋 (yī gè dàn) an egg
16. 一串葡萄 (yī chuàn pú tao) a cluster of grapes
17. 一篮水果 (yī lán shuǐ guǒ) a basket of fruits
18. 一个苹果 (yī gè píng guǒ) an apple
19. 一把刀 (yī bǎ dāo) a knife
20. 一块蛋糕 (yī kuài dàn gāo) a cake
21. 一张纸 (yī zhāng zhǐ) a piece of paper
22. 一枝铅笔 (yī zhī qiān bǐ) a pencil
23. 一桶水 (yī tǒng shuǐ) a pail of water
24. 一条鱼 (yī tiáo yú) a fish
25. 一朵花 (yī duǒ huā) a flower
26. 一块石头 (yī kuài shí tou) a piece of stone

参考词

一场比赛 (yī chǎng bǐ sài) a match
一家公司 (yī jiā gōng sī) a company
一顿饭 (yī dùn fàn) a meal
一件礼物 (yī jiàn lǐ wù) a present
一份报纸 (yī fèn bào zhǐ) a newspaper
一分钱 (yī fēn qián) a coin

45

23 我们来比一比
Let's make comparison

1. 大 (dà) big
2. 小 (xiǎo) small
3. 老 (lǎo) old
4. 少 (shào) young
5. 长 (cháng) long
6. 短 (duǎn) short
7. 轻 (qīng) light

8. 重 (zhòng) heavy
9. 高 (gāo) high
10. 低 (dī) low
11. 新 (xīn) new
12. 旧 (jiù) old

13. 厚 (hòu) thick
14. 薄 (báo) thin
15. 对 (duì) right
16. 错 (cuò) wrong
17. 胖 (pàng) fat
18. 瘦 (shòu) thin
19. 直 (zhí) straight
20. 弯 (wān) curved
21. 深 (shēn) deep
22. 浅 (qiǎn) shallow
23. 硬 (yìng) hard
24. 软 (ruǎn) soft
25. 粗糙 (cū cāo) rough
26. 光滑 (guāng huá) smooth
27. 笑 (xiào) laugh
28. 哭 (kū) cry

参考词

比 (bǐ) compare
比较 (bǐ jiào) make comparison
多 (duō) more
少 (shǎo) less
干 (gān) dry
湿 (shī) wet
松 (sōng) loose
紧 (jǐn) tight
快 (kuài) fast
慢 (màn) slow
暗 (àn) dark
亮 (liàng) bright

24 你在哪里?
Where are you?

1. 上面 (shàng miàn) on top of
2. 中间 (zhōng jiān) between
3. 下面 (xià miàn) below
4. 前面 (qián miàn) in front of
5. 后面 (hòu miàn) behind
6. 里面 (lǐ miàn) inside
7. 外面 (wài miàn) outside

8. 左面 (zuǒ miàn) the left side
9. 右面 (yòu miàn) the right side
10. 东 (dōng) east
11. 南 (nán) south
12. 西 (xī) west
13. 北 (běi) north

参考词

上来 (shàng lái) come up
下来 (xià lái) come down
上去 (shàng qù) go up; ascend
下去 (xià qù) go down; descend
左边 (zuǒ biān) the left side
右边 (yòu biān) the right side
旁边 (páng biān) beside
两旁 (liǎng páng) both sides
背后 (bèi hòu) behind
身边 (shēn biān) at one's side
进去 (jìn qu) go in
出来 (chū lai) come out
这儿 (zhèr) here
那儿 (nàr) that place; there
这里 (zhè li) here
那里 (nà li) that place; there
哪儿 (nǎr) where
哪里 (nǎ li) where
这个 (zhè ge) this
那个 (nà ge) that
哪个 (nǎ ge) which; who
这些 (zhè xiē) these
方向 (fāng xiàng) direction
位置 (wèi zhì) location
退后 (tuì hòu) move backward
指南针 (zhǐ nán zhēn) compass

49

25 我的玩具
My toys

1. 城堡 (chéng bǎo) castle
2. 玩具"摇摇"(wán jù yáo yáo) yo-yo
3. 玩具箱 (wán jù xiāng) a box for keeping toys
4. 皮球 (pí qiú) ball
5. 气球 (qì qiú) balloon
6. 玩具熊 (wán jù xióng) teddy bear

7. 机器人 (jī qì rén) robot
8. 玩具马 (wán jù mǎ) toy horse
9. 面具 (miàn jù) mask
10. 玻璃弹球 (bō li tán qiú) marble
11. 积木 (jī mù) blocks
12. 陀螺 (tuó luó) top
13. 玩具车 (wán jù chē) toy car
14. 娃娃屋 (wá wa wū) doll's house
15. 木马 (mù mǎ) rocking horse
16. 风筝 (fēng zheng) kite
17. 洋娃娃 (yáng wá wa) doll
18. 拼图 (pīng tú) jigsaw

参考词

玩具 (wán jù) toy

玩耍 (wán shuǎ) play

不倒翁 (bù dǎo wēng) tumbler (a toy)

贵 (guì) expensive

便宜 (pián yi) cheap

满意 (mǎn yì) satisfied

心爱 (xīn ài) loved

喜爱 (xǐ ài) like very much

高兴 (gāo xìng) happy

兴冲冲 (xìng chōng chōng) excited

兴奋 (xīng fèn) be excited

兴趣 (xìng qù) interest

收藏 (shōu cáng) collect

许多 (xǔ duō) many; much

自动 (zì dòng) voluntarily

拆开 (chāi kāi) tear open; take apart

担心 (dān xīn) worry

伤心 (shāng xīn) sad

安心 (ān xīn) feel at ease

51

26 书本和文具
Books and stationery

1. 铅笔盒 (qiān bǐ hé) pencil-case
2. 尺 (chǐ) ruler
3. 报纸 (bào zhǐ) newspaper
4. 图画 (tú huà) picture
5. 纸 (zhǐ) paper
6. 书包 (shū bāo) school bag
7. 故事书 (gù shì shū) story book

8. 铅笔 (qiān bǐ) pencil
9. 圆珠笔 (yuán zhū bǐ) ball-point pen
10. 浆糊 (jiàng hu) glue
11. 转笔刀 (zhuàn bǐ dāo) sharpener
12. 橡皮擦 (xiàng pí cā) rubber
13. 剪刀 (jiǎn dāo) scissors
14. 胶纸 (jiāo zhǐ) scotch tape
15. 蘸水笔 (zhàn shuǐ bǐ) manuscript pen
16. 蜡笔 (là bǐ) crayon
17. 画笔 (huà bǐ) painting brush
18. 水彩 (shuǐ cǎi) water colours
19. 课本 (kè běn) textbook
20. 本子 (běn zi) exercise book
21. 字典 (zì diǎn) dictionary

参考词

书 (shū) book
书本 (shū běn) book
笔记 (bǐ jì) notes
画报 (huà bào) pictorial magazine
连环画 (lián huán huà) comic book
童话 (tóng huà) fairy tales
插图 (chā tú) illustration
图片 (tú piàn) picture
贺年片 (hè nián piàn) New Year card
文具 (wén jù) stationery
盒子 (hé zi) box
笔心 (bǐ xīn) refill (for a ball-point pen); pencil lead
刀片 (dāo piàn) razor blade

27 球类和运动
sports and games

3. 乒乓球 (pīng pāng qiú) table tennis
4. 排球 (pái qiú) volleyball
5. 篮球 (lán qiú) basketball
6. 足球 (zú qiú) soccer

1. 羽毛球 (yǔ máo qiú) badminton
2. 网球 (wǎng qiú) tennis

7. 保龄球 (bǎo líng qiú) bowling
8. 橄榄球 (gǎn lǎn qiú) rugby
9. 水球 (shuǐ qiú) water polo
10. 跳远 (tiào yuǎn) long jump
11. 跳高 (tiào gāo) high jump
12. 跑步 (pǎo bù) jogging
13. 接力 (jiē lì) relay
14. 跨栏 (kuà lán) hurdles
15. 标枪 (biāo qiāng) javelin
16. 铅球 (qiān qiú) shot put
17. 铁饼 (tiě bǐng) discus
18. 体操 (tǐ cāo) gymnastics
19. 举重 (jǔ zhòng) weightlifting
20. 棒球 (bàng qiú) baseball
21. 溜冰 (liū bīng) skating
22. 柔道 (róu dào) judo
23. 游泳 (yóu yǒng) swimming

参考词

运动 (yùn dòng) exercise
体育 (tǐ yù) physical education
球类运动 (qiú lèi yùn dòng) ball games
球赛 (qiú sài) match
球场 (qiú chǎng) a place where ball games are played
体育场 (tǐ yù chǎng) stadium
打球 (dǎ qiú) play ball games
踢球 (tī qiú) kick a ball
拍球 (pāi qiú) bounce a ball
球队 (qiú duì) a (ball game) team
赛跑 (sài pǎo) race
竞走 (jìng zǒu) heel-and-toe walking race
骑马 (qí mǎ) ride a horse
散步 (sàn bù) take a walk

55

28 乐器
Musical instruments

1. 电子琴 (diàn zi qín) organ
2. 手风琴 (shǒu fēng qín) accordion
3. 吉他 (jí tā) guitar
4. 钹 (bó) cymbals
5. 鼓 (gǔ) drum
6. 钢琴 (gāng qín) piano
7. 喇叭 (lǎ ba) trumpet

8. 小提琴 (xiǎo tí qín) violin
9. 二胡 (èr hú) *erhu*
10. 琵琶 (pí pá) lute
11. 古筝 (gǔ zhēng) *guzheng*
12. 箫 (xiāo) bamboo flute
13. 口琴 (kǒu qín) harmonica
14. 铃鼓 (líng gǔ) tambourine
15. 三角铁 (sān jiǎo tiě) triangle

参考词

音乐 (yīn yuè) music
木琴 (mù qín) xylophone
大提琴 (dà tí qín) cello
六弦琴 (liù xián qín) guitar
笛子 (dí zi) bamboo flute
电子吉他 (diàn zǐ jí tā) electric guitar
铜喇叭 (tóng lǎ ba) bugle
声音 (shēng yīn) sound
响亮 (xiǎng liàng) loud and clear
不错 (bù cuò) not bad
动听 (dòng tīng) pleasant to listen to
好听 (hǎo tīng) pleasant to hear
歌唱 (gē chàng) sing
大声 (dà shēng) loud
低声 (dī shēng) in a low voice
哑 (yǎ) mute; dumb
听见 (tīng jiàn) hear
安静 (ān jìng) quiet
吵闹 (chǎo nào) wrangle
流利 (liú lì) fluent
幼小 (yòu xiǎo) immature
教 (jiāo) teach
听讲 (tīng jiǎng) listen to a talk
叫喊 (jiào hǎn) shout

29 我的爱好
My hobbies

1. 跳绳 (tiào shéng) skipping
2. 唱歌 (chàng gē) singing
3. 跳舞 (tiào wǔ) dancing
4. 钓鱼 (diào yú) fishing
5. 野餐 (yě cān) picnicking
6. 远足 (yuǎn zú) hiking
7. 爬山 (pá shān) mountaineering

8. 养鱼 (yǎng yú) rearing fish
9. 做手工 (zuò shǒu gōng) doing handicrafts
10. 看书 (kàn shū) reading
11. 看电视 (kàn diàn shì) watching television
12. 玩电子游戏 (wán diàn zǐ yóu xì) playing computer games
13. 放风筝 (fàng fēng zheng) flying a kite
14. 讲故事 (jiǎng gù shì) telling stories
15. 集邮 (jí yóu) collecting stamps
16. 下棋 (xià qí) playing chess
17. 画画 (huà huà) drawing
18. 听音乐 (tīng yīn yuè) listening to music
19. 骑自行车 (qí zì xíng chē) cycling
20. 露营 (lù yíng) camping
21. 种花 (zhòng huā) gardening
22. 看电影 (kàn diàn yǐng) going to the movies

参考词

爱好 (ài hào) hobby
活动 (huó dòng) activity
节目 (jié mù) programme
儿歌 (ér gē) nursery rhymes
谜语 (mí yǔ) riddle
邮票 (yóu piào) stamp
水彩画 (shuǐ cǎi huà) watercolour painting
故事 (gù shi) story
郊外 (jiāo wài) the countryside
快活 (kuài huo) happy
空闲 (kòng xián) free time
好笑 (hǎo xiào) laughable

30 海边、公园和游戏场
The seaside, park and playground

1. 秋千 (qiū qiān) swing
2. 山坡 (shān pō) mountain slope
3. 长凳 (cháng dèng) bench
4. 喷水池 (pēn shuǐ chí) fountain
5. 桥 (qiáo) bridge
6. 游戏场 (yóu xì chǎng) playground

7. 旋转台 (xuán zhuǎn tái) roundabout
8. 攀架 (pān jià) barrier rack
9. 跷跷板 (qiāo qiāo bǎn) seesaw
10. 滑梯 (huá tī) slide

11. 贝壳 (bèi ké) shell
12. 水桶 (shuǐ tǒng) bucket
13. 铲子 (chǎn zi) spade
14. 席子 (xí zi) mat
15. 沙滩 (shā tān) beach
16. 海边 (hǎi biān) seaside

参考词

溜滑梯 (liū huá tī) play on a slide
游戏 (yóu xì) recreation; play
波浪 (bō làng) wave
救生员 (jiù shēng yuán) lifeguard
铺 (pū) spread
公园 (gōng yuán) park
草地 (cǎo dì) grassland
植物园 (zhí wù yuán) botanical garden
欢喜 (huān xǐ) joyful
开心 (kāi xīn) feel happy
痛快 (tòng kuai) very happy
愉快 (yú kuài) happy
有趣 (yǒu qù) interesting
荡秋千 (dàng qiū qiān) play on a swing
轮流 (lún liú) take turns
名胜 (míng shèng) places of interest
地方 (dì fang) place
地面 (dì miàn) ground
团员 (tuán yuán) member
来往 (lái wǎng) dealings

61

31 建筑物
Buildings

3. 超级市场 (chāo jí shì chǎng) supermarket
4. 饮食中心 (yǐn shí zhōng xīn) food centre
1. 戏院 (xì yuàn) cinema
5. 菜市场 (cài shì chǎng) market
2. 教堂 (jiào táng) church
6. 医院 (yī yuàn) hospital

7. 图书馆 (tú shū guǎn) library
8. 邮政局 (yóu zhèng jú) post office
9. 公安派出所 (gōng ān pài chū suǒ) neighbourhood police post
10. 工厂 (gōng chǎng) factory
11. 寺庙 (sì miào) temple
12. 旅馆 (lǚ guǎn) hotel
13. 餐馆 (cān guǎn) restaurant
14. 银行 (yín háng) bank
15. 清真寺 (qīng zhēn sì) mosque
16. 神庙 (shén miào) Hindu temple

参考词

诊所 (zhěn suǒ) clinic
消防队 (xiāo fáng duì) fire station
杂货店 (zá huò diàn) grocery
面包店 (miàn bāo diàn) bakery
鞋店 (xié diàn) shoe shop
书店 (shū diàn) book shop
玩具店 (wán jù diàn) toy shop
水果店 (shuǐ guǒ diàn) fruit shop
理发店 (lǐ fà diàn) barber shop
百货公司 (bǎi huò gōng sī) department store
服装店 (fú zhuāng diàn) clothes shop
旅客 (lǚ kè) traveller
药房 (yào fáng) pharmacy
商店 (shāng diàn) shop
邮筒 (yóu tǒng) mailbox
博物院 (bó wù yuàn) museum
保险箱 (bǎo xiǎn xiāng) safe

63

32 花草树木
Plants

1. 树 (shù) tree
2. 果子 (guǒ zi) fruit
3. 叶子 (yè zi) leaf
4. 树枝 (shù zhī) branch
5. 花 (huā) flowers
6. 水草 (shuǐ cǎo) waterweeds
7. 草 (cǎo) grass

8. 树干 (shù gàn) trunk
9. 树根 (shù gēn) root

参考词
菊花 (jú huā) chrysanthemum

大红花 (dà hóng huā) Chinese hibiscus
向日葵 (xiàng rì kuí) sunflower
荷花 (hé huā) lotus
茉莉花 (mò li huā) jasmine
康乃馨 (kāng nǎi xīn) carnation
玫瑰花 (méi gui huā) rose
水仙花 (shuǐ xiān huā) narcissus
花朵 (huā duǒ) flower
果树 (guǒ shù) fruit tree
花蜜 (huā mì) nectar
兰花 (lán huā) orchid
森林 (sēn lín) forest
树林 (shù lín) woods
杂草 (zá cǎo) weeds
幼苗 (yòu miáo) seedling
羊桃树 (yáng táo shù) carambola
干草 (gān cǎo) hay
枯黄 (kū huáng) withered
浇花 (jiāo huā) water the flowers
开花 (kāi huā) blossom
吸收 (xī shōu) absorb
摘 (zhāi) pick; pluck
种 (zhòng) grow; cultivate
植物 (zhí wù) plant
粗大 (cū dà) big and rough
拔掉 (bá diào) pull out
发芽 (fā yá) sprout
花草 (huā cǎo) flowers and plants
花园 (huā yuán) garden

65

33 小小昆虫
Insects

1. 蜻蜓 (qīng tíng) dragonfly
2. 飞蛾 (fēi é) moth
3. 蝴蝶 (hú dié) butterfly
4. 蚊子 (wén zi) mosquito
5. 蚱蜢 (zhà měng) grasshopper
6. 蜘蛛 (zhī zhū) spider
7. 苍蝇 (cāng ying) fly

8. 毛虫 (máo chóng) caterpillar
9. 蚂蚁 (mǎ yǐ) ant
10. 蟑螂 (zhāng láng) cockroach
11. 蜜蜂 (mì fēng) bee
12. 甲虫 (jiǎ chóng) ladybird

参考词

昆虫 (kūn chóng) insect
虫子 (chóng zi) insect; worm
臭虫 (chòu chóng) bed bug
害虫 (hài chóng) harmful insect
蜂窝 (fēng wō) honeycomb
可恶 (kě wù) hateful
可怕 (kě pà) fearful
躲藏 (duǒ cáng) hide oneself
消除 (xiāo chú) eliminate
急忙 (jí máng) in a hurry
慌忙 (huāng máng) in a great rush
怀疑 (huái yí) doubt; suspect
冲动 (chōng dòng) impulsive
粗心 (cū xīn) careless
大胆 (dà dǎn) daring
慌张 (huāng zhāng) in a fluster
野蛮 (yě mán) uncivilized
顽固 (wán gù) stubborn
骄傲 (jiāo ào) arrogant
吹牛 (chuī niú) boast
看轻 (kàn qīng) underestimate
取笑 (qǔ xiào) make fun of
说谎 (shuō huǎng) tell a lie
故意 (gù yì) intentionally
随便 (suí biàn) casual
看不起 (kàn bu qǐ) despise
本领 (běn lǐng) skill; ability

34 动物园
At the zoo

1. 象 (xiàng) elephant
2. 豹 (bào) leopard
3. 狼 (láng) wolf
4. 熊 (xióng) bear
5. 狮子 (shīzi) lion
6. 犀牛 (xīniú) rhinoceros
7. 袋鼠 (dài shǔ) kangaroo

8. 长颈鹿 (cháng jǐng lù) giraffe
9. 骆驼 (luò tuo) camel
10. 老虎 (lǎo hǔ) tiger
11. 猴子 (hóu zi) monkey
12. 斑马 (bān mǎ) zebra

13. 河马 (hé mǎ) hippopotamus
14. 鹿 (lù) deer
15. 牛 (niú) cow
16. 羊 (yáng) sheep
17. 熊猫 (xióng māo) panda
18. 兔子 (tù zi) rabbit
19. 松鼠 (sōng shǔ) squirrel
20. 狗 (gǒu) dog
21. 蛇 (shé) snake
22. 猫 (māo) cat
23. 老鼠 (lǎo shǔ) mouse
24. 黄鼠狼 (huáng shǔ láng) yellow weasel
25. 马 (mǎ) horse
26. 猪 (zhū) pig
27. 猩猩 (xīng xing) gorilla

参考词

水牛 (shuǐ niú) water buffalo
山羊 (shān yáng) goat
动物 (dòng wù) animal
参观 (cān guān) visit
丑 (chǒu) ugly
臭 (chòu) smelly
凶猛 (xiōng měng) violent
打猎 (dǎ liè) go hunting
猎人 (liè rén) hunter
凶恶 (xiōng è) fierce
咬 (yǎo) bite
爬树 (pá shù) climb a tree

69

35 飞禽
Birds

1. 乌鸦 (wū yā) crow
2. 老鹰 († yīng) eagle
3. 燕子 (yàn zi) swallow
4. 鹦鹉 (yīng wǔ) parrot
5. 鸟笼 (niǎo lóng) birdcage
6. 啄木鸟 (zhuó mù niǎo) woodpecker

7. 天鹅 (tiān é) swan
8. 鸵鸟 (tuó niǎo) ostrich
9. 鸟 (niǎo) bird
10. 黄莺 (huáng yīng) oriole
11. 鸡 (jī) chicken

12. 鸭 (yā) duck
13. 鹅 (é) goose
14. 孔雀 (kǒng què) peacock
15. 鸽子 (gē zi) pigeon
16. 羽毛 (yǔ máo) feather

参考词

笼子 (lóng zi) cage
公鸡 (gōng jī) cock
母鸡 (mǔ jī) hen
小鸡 (xiǎo jī) chick
小鸭 (xiǎo yā) duckling
可爱 (kě ài) lovable
可怜 (kě lián) pitiful
自由 (zì yóu) freedom
专门 (zhuān mén) special
珍贵 (zhēn guì) valuable
保护 (bǎo hù) protect
美妙 (měi miào) wonderful
养鸟 (yǎng niǎo) keep birds
捉 (zhuō) hold; catch
抓 (zhuā) catch; grab
啄 (zhuó) peck
长大 (zhǎng dà) grow up
妙计 (miào jì) excellent plan
设法 (shè fǎ) think of a way
瘦小 (shòu xiǎo) thin and small
肥胖 (féi pàng) fat

36 水里的动物
Animals that live in the water

1. 乌龟 (wū guī) tortoise
2. 鲸 (jīng) whale
3. 海狮 (hǎi shī) sea lion
4. 海豹 (hǎi bào) seal
5. 海马 (hǎi mǎ) seahorse
6. 海龟 (hǎi guī) turtle
7. 海象 (hǎi xiàng) walrus

8. 虾 (xiā) shrimp
9. 青蛙 (qīng wā) frog
10. 鳄鱼 (è yú) crocodile
11. 海豚 (hǎi tún) dolphin
12. 螃蟹 (páng xiè) crab
13. 蝌蚪 (kē dǒu) tadpole
14. 水母 (shuǐ mǔ) jellyfish
15. 鲨鱼 (shā yú) shark
16. 海星 (hǎi xīng) starfish
17. 章鱼 (zhāng yú) octopus

参考词

鱼 (yú) fish
金鱼 (jīn yú) goldfish
海底世界 (hǎi dǐ shì jiè) underwater world
水族馆 (shuǐ zú guǎn) aquarium
害怕 (hài pà) be afraid
好奇 (hào qí) be curious
温和 (wēn hé) temperate
新奇 (xīn qí) strange and new
张开 (zhāng kāi) open
奇怪 (qí guài) strange
惊奇 (jīng qí) wonder; be surprised
英勇 (yīng yǒng) heroic
勇敢 (yǒng gǎn) brave
高大 (gāo dà) tall and big
外貌 (wài mào) appearance
友爱 (yǒu ài) affection among friends
同伴 (tóng bàn) companion
要好 (yào hǎo) be on good terms
亲爱 (qīn ài) beloved
痒 (yǎng) itch

37 天气好不好
How is the weather?

1. 晴天 (qíng tiān) a sunny day
2. 阴天 (yīn tiān) a cloudy day
3. 闪电 (shǎn diàn) lightning
4. 雨天 (yǔ tiān) a rainy day
5. 雪 (xuě) snow
6. 彩虹 (cǎi hóng) rainbow
7. 春天 (chūn tiān) spring

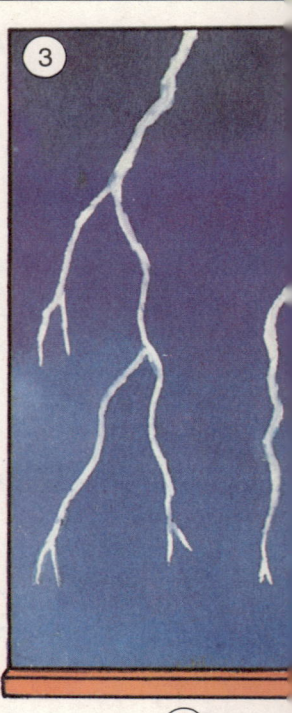

8. 夏天 (xià tiān) summer
9. 秋天 (qiū tiān) autumn
10. 冬天 (dōng tiān) winter
11. 温度计 (wēn dù jì) thermometer

参考词

天气 (tiān qì) weather
空气 (kōng qì) air
冷 (lěng) cold
热 (rè) hot
打雷 (dǎ léi) thunder
风 (fēng) wind
雨 (yǔ) rain
雨点 (yǔ diǎn) raindrop
凉快 (liáng kuai) nice and cool
凉爽 (liáng shuǎng) nice and cool
暖和 (nuǎn hé) warm
晴朗 (qíng lǎng) sunny
阴凉 (yīn liáng) shady and cool
晒 (shài) (of the sun) shine upon
照射 (zhào shè) shine; illuminate
刮风 (guā fēng) blowing
吹 (chuī) blow
黑暗 (hēi àn) dark
有限 (yǒu xiàn) limited
建造 (jiàn zào) build
变成 (biàn chéng) become; change into
力气 (lì qi) physical strength
力量 (lì liang) strength
气力 (qì lì) energy
发表 (fā biǎo) publish; say what one thinks
近来 (jìn lái) recently
目的 (mù dì) purpose

38 大自然
Nature

1. 水池 (shuǐ chí) pond
2. 山 (shān) mountain
3. 云 (yún) cloud
4. 太阳 (tài yáng) sun
5. 天 (tiān) sky
6. 石头 (shí tou) stone
7. 河流 (hé liú) river

8. 海 (hǎi) sea
9. 星星 (xīng xing) stars
10. 月亮 (yuè liang) moon
11. 地 (dì) earth

参考词

自然 (zì rán) nature
天空 (tiān kōng) sky
蓝天 (lán tiān) blue sky
海洋 (hǎi yáng) ocean
水汽 (shuǐ qì) vapour
湖 (hú) lake
水滴 (shuǐ dī) drop of water
泥土 (ní tǔ) earth; soil
池塘 (chí táng) pond
河岸 (hé àn) river bank
充足 (chōng zú) adequate
阳光 (yáng guāng) sunshine
影子 (yǐng zi) shadow
洞 (dòng) cave
岛 (dǎo) island
飘 (piāo) floating in the air
空地 (kòng dì) open space
平地 (píng dì) level ground
升 (shēng) rise
出现 (chū xiàn) appear
山地 (shān dì) highland
江 (jiāng) river
雨伞 (yǔ sǎn) umbrella
太阳镜 (tài yáng jìng) sunglasses
白云 (bái yún) white clouds
风景 (fēng jǐng) scenery; landscape
风景画 (fēng jǐng huà) landscape painting

77

39 路上的交通工具
Road transport

1. 地铁站 (dì tiě zhàn) MRT station
2. 地铁 (dì tiě) MRT train
3. 车站 (chē zhàn) bus stop
4. 马路 (mǎ lù) road
5. 卡车 (kǎ chē) lorry

6. 公共汽车 (gōng gòng qì chē) bus
7. 校车 (xiào chē) school bus
8. 旅行车 (lǚ xíng chē) tour bus
9. 货车 (huò chē) van
10. 摩托车 (mó tuō chē) motorcycle
11. 自行车 (zì xíng chē) bicycle
12. 汽车 (qì chē) car
13. 消防车 (xiāo fáng chē) fire engine
14. 火车 (huǒ chē) train
15. 警车 (jǐng chē) police car
16. 军车 (jūn chē) military vehicle
17. 救护车 (jiù hù chē) ambulance
18. 天桥 (tiān qiáo) overhead bridge
19. 三轮车 (sān lún chē) tricycle
20. 火车站 (huǒ chē zhàn) railway station

参考词

人行道 (rén xíng dào) pavement
地下通道 (dì xià tōng dào) underground pass
行人 (xíng rén) pedestrian
乘客 (chéng kè) passenger
加油站 (jiā yóu zhàn) petrol kiosk
交通工具 (jiāo tōng gōng jù) transport
出租车 (chū zū chē) taxi
开车 (kāi chē) drive or start a car, train, etc.
马车 (mǎ chē) (horse-drawn) carriage

40 海上的交通工具
Sea transport

1. 轮船 (lún chuán) ship
2. 渡轮 (dù lún) ferry
3. 海港 (hǎi gǎng) harbour
4. 客轮 (kè lún) liner
5. 帆船 (fān chuán) sailing boat
6. 摩托艇 (mó tuō tǐng) motor boat

7. 大海 (dà hǎi) sea
8. 灯塔 (dēng tǎ) lighthouse
9. 码头 (mǎ tou) dock
10. 渔船 (yú chuán) fishing boat
11. 汽艇 (qì tǐng) motor boat
12. 舢舨 (shān bǎn) sampan (small boat)

参考词

便利 (biàn lì) convenient; easy

方便 (fāng biàn) convenient

等待 (děng dài) wait

坐 (zuò) sit

直接 (zhí jiē) direct

港口 (gǎng kǒu) harbour

经验 (jīng yàn) experience

经过 (jīng guò) pass through

离开 (lí kāi) leave

再见 (zài jiàn) goodbye

严重 (yán zhòng) serious

开动 (kāi dòng) start; set in motion

淹死 (yān sǐ) drown

淹没 (yān mò) covered by water; flood

危险 (wēi xiǎn) dangerous

伤口 (shāng kǒu) wound

受伤 (shòu shāng) be injured

安全 (ān quán) safe

意外 (yì wài) accident

游泳裤 (yóu yǒng kù) swimming trunks

游泳衣 (yóu yǒng yī) swimsuit

珍珠 (zhēn zhū) pearl

珠宝 (zhū bǎo) jewellery

钱 (qián) money

船只 (chuán zhī) ships and boats

81

41 空中的交通工具
Air transport

1. 人造卫星 (rén zào wèi xīng) man-made satellite
2. 热气球 (rè qì qiú) hot-air balloon
3. 火箭 (huǒ jiàn) rocket
4. 直升飞机 (zhí shēng fēi jī) helicopter

5. 宇宙飞船 (yǔ zhòu fēi chuán) spaceship
6. 缆车 (lǎn chē) cable car
7. 航天飞机 (háng tiān fēi jī) space shuttle
8. 飞机 (fēi jī) aeroplane
9. 机场 (jī chǎng) airport
10. 指挥塔 (zhǐ huī tǎ) control tower

参考词

飞行员 (fēi xíng yuán) pilot
紧急 (jǐn jí) urgent
紧张 (jǐn zhāng) nervous
惊慌 (jīng huāng) alarmed; scared
惊险 (jīng xiǎn) alarmingly dangerous
幸运 (xìng yùn) luck
旅行 (lǚ xíng) travel
行李 (xíng li) luggage
笔直 (bǐ zhí) straight
皱 (zhòu) corrugation
搭乘 (dā chéng) travel by (plane, car etc.)
名贵 (míng guì) expensive and exquisite
飞行 (fēi xíng) flight; flying
贵重 (guì zhòng) valuable
起飞 (qǐ fēi) (of air craft) take off
钻石 (zuàn shí) diamond
降落 (jiàng luò) land
惊动 (jīng dòng) alarm; alert
失火 (shī huǒ) catch fire
烧 (shāo) burn
救 (jiù) rescue; save
救火 (jiù huǒ) fire fighting
掉落 (diào luò) fall; drop
机器 (jī qì) machine

42 职业
Occupations

3. 护士 (hù shi) nurse
4. 交通警察 (jiāo tōng jǐng chá) traffic police
5. 小贩 (xiǎo fàn) hawker
6. 木匠 (mù jiàng) carpenter
1. 司机 (sī jī) driver
2. 医生 (yī shēng) doctor

7. 消防队员 (xiāo fáng duì yuán) fireman
8. 厨师 (chú shī) cook
9. 牙医 (yá yī) dentist
10. 建筑工人 (jiàn zhù gōng rén) construction worker
11. 渔民 (yú mín) fisherman
12. 警察 (jǐng chá) policeman
13. 军人 (jūn rén) soldier
14. 魔术师 (mó shù shī) magician
15. 宇航员 (yǔ háng yuán) astronaut
16. 小丑 (xiǎo chǒu) clown
17. 歌星 (gē xīng) singer
18. 运动员 (yùn dòng yuán) sportsman
19. 理发师 (lǐ fà shī) barber
20. 农民 (nóng mín) farmer
21. 打字员 (dǎ zì yuán) typist
22. 画家 (huà jiā) artist
23. 教师 (jiào shī) teacher
24. 科学家 (kē xué jiā) scientist

参考词

售货员 (shòu huò yuán) shop assistant
富翁 (fù wēng) man of wealth
工人 (gōng rén) worker
保安员 (bǎo ān yuán) security guard
清洁工 (qīng jié gōng) cleaner
作家 (zuò jiā) writer
军官 (jūn guān) army officer
水手 (shuǐ shǒu) sailor
船长 (chuán zhǎng) captain
接待员 (jiē dài yuán) receptionist personnel
商人 (shāng rén) business man

43 节日和庆典
Festivals and special occasions

1. 圣诞节 (shèng dàn jié) Christmas Day
2. 儿童节 (ér tóng jié) Children's Day
3. 国庆节 (guó qìng jié) National Day
4. 开斋节 (kāi zhāi jié) Hari Raya Puasa

5. 生日 (shēng rì) birthday
6. 教师节 (jiào shī jié) Teacher's Day
7. 中秋节 (zhōng qiū jié) Mid-autumn Festival
8. 新年 (xīn nián) New Year's Day
9. 端午节 (duān wǔ jié) the Dragon Boat Festival

参考词

母亲节 (mǔ qīn jié) Mother's Day

父亲节 (fù qīn jié) Father's Day

清明节 (qīng míng jié) Qing-ming Festival

元宵节 (yuán xiāo jié) Lantern Festival

劳动节 (láo dòng jié) Labour Day

校庆 (xiào qìng) school anniversary

植树节 (zhí shù jié) Tree-planting Day

欢乐 (huān lè) happy

快乐 (kuài lè) happy

热闹 (rè nào) lively

纪念 (jì niàn) commemorate

举行 (jǔ xíng) hold a meeting, ceremony, etc.

精彩 (jīng cǎi) brilliant

来宾 (lái bīn) guest

到处 (dào chù) at all places

欢迎 (huān yíng) welcome

散开 (sàn kāi) disperse

雄壮 (xióng zhuàng) full of power and grandeur

44 国家和国旗
Nations and national flags

1. 中国 (zhōng guó) China
2. 马来西亚 (mǎ lái xī yà) Malaysia
3. 印尼 (yìn ní) Indonesia
4. 泰国 (tài guó) Thailand
5. 菲律宾 (fēi lǜ bīn) The Philippines
6. 文莱 (wén lái) Brunei Darussalam

7. 新加坡 (xīn jiā pō) Singapore
8. 日本 (rì běn) Japan
9. 印度 (yìn dù) India
10. 斯里兰卡 (sī lǐ lán kǎ) Sri Lanka
11. 美国 (měi guó) United States of America
12. 英国 (yīng guó) England
13. 法国 (fǎ guó) France
14. 德国 (dé guó) Germany

参考词

国家 (guó jiā) nation
国旗 (guó qí) national flag
爱国 (ài guó) love one's country
忠心 (zhōng xīn) loyalty
保卫 (bǎo wèi) defend
富强 (fù qiáng) prosperous and strong
国王 (guó wáng) king
欢呼 (huān hū) hail; cheer
皇后 (huáng hòu) queen
皇宫 (huáng gōng) palace
随从 (suí cóng) accompany (one's superior)
邻国 (lín guó) neighbouring countries
世界 (shì jiè) world
打仗 (dǎ zhàng) fight; go to war
战争 (zhàn zhēng) war
和平 (hé píng) peace
正当 (zhèng dāng) proper; appropriate
道理 (dào li) principle; truth
尊敬 (zūn jìng) respect

索引
Index

A

a basket of fruits	45
a bird	44
a book	45
a box for keeping toys	50
a bridge	45
a cake	45
a car	44
a cloudy day	74
a cluster of grapes	45
a coin	45
a company	45
a cow	45
a cup of tea	45
a fish	45
a flag	44
a flower	45
a horse	45
a house	44
a knife	45
a leaf	44
a match	45
a meal	45
a mountain	44
a newspaper	45
a packet of candy	45
a pail of water	45
a pencil	45
a piece of paper	45
a piece of stone	45
a place where ball games are played	55
a present	45
a rainy day	74
a sunny day	74
a (ball game) team	55
a tree	45
a well	45
abdomen	3
ability	15, 37, 67
absorb	65
accident	81
accompany (one's superior)	89
accordion	56
activity	59
add	37
adequate	77
aeroplane	83
affection among friends	73
after	15
afternoon	39
air	75
air-conditioner	26
air-conditioning	25
airport	83
alarm	83
alarm clock	24
alarmed	83
alarmingly dangerous	83
alert	83
all	7
almost	41
amaranth	9
ambulance	79
an apple	45
an egg	45
animal	69
another day	13
ant	67
antenna	19
apartment	19
appear	77
appearance	41, 43, 73
appetite	7
apple	11
appropriate	89
April	38
apron	17
aquarium	73
area	43
arm	3
armchair	21
army officer	85
arrange	13
arrogant	67
art room	33
articles for use	31
artist	85
ascend	49
ashtray	21
astronaut	85
at all places	87
at any time	13
at once	13
at one's side	49
at this moment	13
attend class	33
attentive	35
attire	17
aubergine	9
August	39
aunt	5
autumn	75
avoid doing work	41
axe	30

B

back	3
badminton	54
bag	17
bake	7
bakery	63
ball	50
ball games	55
ball-point pen	53
balloon	50
bamboo flute	57
banana	11
bank	63
barber	85
barber shop	63
barrier rack	61
baseball	55
basin	23
basket	23

90

basketball	54
basketball court	32
bath towel	28
bathroom	29
bathtub	29
battery	21, 31
be afraid	73
be curious	73
be excited	51
be fooled	31
be injured	81
be on good terms	73
be surprised	73
beach	61
bean sprouts	9
bear	68
bear hardships	41
bear in mind	43
beautiful	25, 41
become	41, 75
bed	24
bed bug	67
bedroom	25
bee	67
beef	6
behind	48, 49
beloved	73
below	48
belt	17
bench	60
beneath	25
beside	49
between	48
bicycle	79
big	46
big and rough	65
bird	71
birdcage	70
birthday	87
biscuit	13
bite	69
bitter	9
bitter gourd	9
black	40
blackboard	34
blanket	24
blocks	51
blossom	65

blow	75
blowing	75
blue	40
blue sky	77
boast	67
bodily form	43
body	3
book	53
book shelf	27
book shop	63
bookcase	26
borrow	11
botanical garden	61
both sides	49
bottle	25
bounce a ball	55
bowl	23
bowling	55
box	26, 53
brain	3
branch	64
brave	73
bread	12
break	33
breakfast	7
bridge	60
bright	27, 47
bright-coloured	41
brilliant	87
broom	23
brown	40, 41
Brunei Darussalam	88
brush	30
bucket	61
bugle	57
build	75
bulb	21
burn	83
bus	79
bus stop	78
business	31
business man	85
busy	21
butter	13
butterfly	66
buttocks	3
button	17
buy	9, 11

C

cabbage	9
cabinet	20, 22
cable car	83
cage	71
cake	13
calendar	26
camel	69
camping	59
campus	33
can	37, 43
candle	31
candy	15
canned food	7
cap	25
captain	85
car	79
car park	19
carambola	65
careless	67
carnation	65
carpenter	84
carpet	21
carriage	79
carry	29
cassette tape	27
castle	50
casual	67
cat	69
catch	71
catch a cold	25
catch fire	83
caterpillar	67
cauli-flower	8
cave	77
ceiling	19
ceiling fan	21
cello	57
chair	23
chalk	34
change	17, 43
change into	75
chat	15
cheap	51
cheer	89

cheese	13
cherry	11
chest	3
chick	71
chicken	6, 71
Children's Day	86
chilli	9
chin	3
China	89
Chinese hibiscus	65
Chinese white cabbage	9
chocolate	14
chopsticks	23
Christmas Day	86
chrysanthemum	65
chrysanthemum tea	15
church	62
cinema	62
circle	43
circular	42
circumference	43
city	43
class monitor	33
classes are over	33
classroom	32
clean	25, 27
clean and tidy	27
cleaner	85
climb a tree	69
clinic	63
clock	20
cloth	17
clothes	17
clothes hanger	24
clothes shop	63
clothing	17
cloud	76
clown	85
coach	35
coal mine	31
coat	17
cock	71
cockroach	67
coconut	10
coffee	14
coffee-table	21
cold	75
collect	51

collecting stamps	59
colour	41
comb	25
come down	49
come out	49
come up	49
comic book	53
commemorate	87
companion	73
compare	47
compass	49
compasses	43
complete	31, 37
complexion	3
composition	27
computer	27
concentrate one's attention	35
cone	43
construction site	31
construction worker	85
continuously	43
control tower	83
convenient	81
cook	7, 85
cooked	7
cooker hood	23
cool and refreshing	15
corner	25
correct	37
corridor	19
corrugation	83
count	37
covered by water	81
cow	69
crab	73
crayon	53
crocodile	73
crow	70
cry	47
cuboid	43
cucumber	8
cultivate	31, 65
cup	22
curtain	21
curved	47
cycling	59
cylinder	43

cymbals	57

D

dancing	58
dangerous	81
daring	67
dark	47, 75
dark soya bean sauce	23
date	39
daybreak	39
daytime	39
dealings	61
December	39
deep	47
deep-fried twisted dough sticks	13
deer	69
defend	89
delicious	9, 15
delicious food	7
dentist	85
department store	63
descend	49
desk	27
despise	67
detailed	35
diamond	42, 83
dictionary	53
different	43
diligent	41
diligently	35
dinner	7
direct	81
direction	49
disappointed	11
discus	55
disperse	87
divide	37
divide equally	37
do not have	37
do one's part	29
dock	81
doctor	84
dog	69
doing handicrafts	59
doll	51

doll's house	51
dolphin	73
door	19
doorbell	18
double	37
doubt	67
downstairs	19
dragonfly	66
drain	19
drawer	27
drawing	59
dressing table	25
drink	15
drinks	15
drive or start a car, train, etc.	79
driver	84
drop	83
drop of water	77
drown	81
drum	56
dry	47
duck	6, 71
duckling	71
dumb	57
durian	11
durian cake	13
duster	34

E

eagle	70
ear	3
early morning	39
earth	77
east	49
easy	81
eat	9
egg	7
eggplant	9
eight	37
elder brother	4
elder sister	5
electric drill	30
electric guitar	57
electrical appliances	23
elephant	68
eleven	37
eliminate	67
enclosure	19
energy	75
England	89
enough	7
entrance	19
equipment	31
erhu	57
evening	39
every day	13
examination hall or room	33
excellent plan	71
excited	51
exercise	55
exercise book	53
expensive and exquisite	83
expensive	51
experience	81
explain	35
extraordinary	15
eye	2
eyebrow	2
eyelid	3
eyesight	41

F

face	3
factory	63
fairy tales	53
fall	83
family	19
famous	15
fan	21, 31
farmer	85
fashionable clothes	17
fast	47
fast food	7
fat	47, 71
father	4, 5
Father's Day	87
fearful	67
feather	71
feather duster	25
February	38
feel	41
feel at ease	51
feel happy	61
fence	19
ferry	80
field	33
fierce	69
fight	89
figure	43
fill in the blanks	43
fingernail	3
fingers	3
finish class	33
fire engine	79
fire fighting	83
fire station	63
fireman	85
fish	7, 73
fish tank	20
fisherman	85
fishing	58
fishing boat	81
fist	3
five	36
flag-raising ceremony	33
flat	19, 43
flight	83
floating in the air	77
flood	81
floor	21
flower	64, 65
flower basket	18
flowers and plants	65
fluent	57
fly	66
flying	83
flying a kite	59
food	7
food centre	62
foot	3
for example	41
forehead	3
forest	65
fork	23
fountain	60
four	36
fragrant	11
fragrant and sweet	11
France	89

93

free time	59
freedom	71
fresh	9
fresh flowers	21
fresh milk	15
Friday	39
frog	73
fruit	11, 64
fruit juice	15
fruit shop	63
fruit tree	65
fry	7
full	7, 29
full of power and grandeur	87
furniture	21

G

garden	65
gardening	59
gas cooker	23
general knowledge	35
general office	33
Germany	89
giraffe	69
give back	31
glass	27
glue	53
go down	49
go hunting	69
go in	49
go to school	33
go to war	89
go up	49
goat	69
going to the movies	59
gold	41
goldfish	73
good for	9
good morning	39
goodnight	39
good-looking	43
goodbye	81
goose	71
gorilla	69
grab	71

grade	35
grandfather	4, 5
grandmother	4, 5
grapes	11
graph	43
grass	64
grasshopper	66
grassland	61
greedy	13
greedy for food	13
green	40, 41
green vegetables	9
grey	41
grille	18
grocery	63
ground	61
grow	65
grow up	71
guest	87
guitar	56, 57
guzheng	57
gymnastics	55

H

hail	89
hair	2
hair cream	25
hair oil	25
ham	13
hamburger	13
hammer	30
hand	3
handbag	17
handkerchief	17
happy	51, 59, 61, 87
harbour	80, 81
hard	47
hardworking	35
Hari Raya Puasa	86
harmful insect	67
harmonica	57
hat	17
hateful	67
have a meal	7
hawker	84
hay	65

he	5
head	2
hear	57
heart	42
heater	28
heavy	47
heel-and-toe walking race	55
helicopter	82
help	21
hen	71
here	49
heroic	73
hide oneself	67
high	47
high jump	55
highland	77
hiking	58
Hindu temple	63
hippopotamus	69
hobby	59
hold	71
hold a meeting ceremony, etc.	87
holidays	39
home	19
honeycomb	67
horse	69
hospital	62
hospital ward	25
hot	75
hot dog	12
hot-air balloon	82
hotel	63
house	19
house number	18
housework	21
hungry	7
hunter	69
hurdles	55
hygiene	7

I

I	5
ice cream	14, 15
ice-cold	15

idea	41
illuminate	75
illustration	53
immature	57
import	11
important	15
impulsive	67
in a fluster	67
in a great rush	67
in a hurry	67
in a low voice	57
in front of	48
in good order	27
India	89
Indonesia	88
innocent	37
insect	67
inside	48
instruct	35
instrument	31
intentionally	67
interest	51
interesting	43, 61
iron gate	18
iron hammer	31
island	77
itch	73

J

jacket	17
jam	13
January	38
Japan	89
jasmine	65
javelin	55
jellyfish	73
jewellery	81
jigsaw	51
jogging	55
joyful	61
judo	55
juggling	43
July	38
June	38

K

kale	9
kangaroo	68
keep birds	71
keep watch	19
kettle	22
key	19
kick a ball	55
kinds of goods	31
king	89
kitchen	23
kite	51
knee	3
knife	23
knowledge	35
kway teow	7

L

Labour Day	87
ladybird	67
lake	77
lamp	20
land	83
landscape	77
landscape painting	77
Lantern Festival	87
last a long time	29
laugh	47
laughable	59
lazy	41
leaf	64
leather suitcase	24
leave	81
leek	9
lemon	10
leopard	68
less	47
letter box	18
lettuce	8
level ground	77
library	63
lie	25
lifeguard	61
lift	19
light	46
lighthouse	81
lightning	74

like very much	51
limited	75
liner	80
lion	68
lips	3
lipstick	25
listen to a talk	57
listening to music	59
live	19
lively	87
local	9
location	49
lock	19
long	46
long jump	55
long pants	17
longans	11
loose	47
lorry	78, 79
lotus	65
loud	57
loud and clear	57
lovable	71
love one's country	89
loved	51
low	47
loyalty	89
luck	83
luggage	83
lunch	7
luscious	11
lute	57
lychees	11

M

machine	83
magician	85
mailbox	63
main	15
main gate	18
maize	9
majority	37
make comparison	47
make fun of	67
Malaysia	88
man of wealth	85

95

man-made satellite	82
manage	21
mango	11
mangosteen	11
manuscript pen	53
many	51
map	34
marble	51
March	38
mark the attendance of	35
market	62
mask	51
mat	61
match	55
mathematics	37
May	38
may	43
meal	7
meat	7
melon seeds	15
member	61
microwave oven	23
Mid-autumn Festival	87
military vehicle	79
milk	14
milk powder	15
mirror	25
Miss	41
mister(Mr)	41
mixed and disorderly	27
model	43
moment	39
Monday	39
money	31, 81
money box	26
monkey	69
moon	77
moon cake	13
mop	23
more	47
morning	39
morning exercise	33
morning snack	13
mosque	63
mosquito	66
moth	66
mother	4, 5
Mother's Day	87
motor boat	80, 81
motorcycle	79
mountain	76
mountain slope	60
mountaineering	58
mouse	69
mouth	2, 3
move backward	49
MRT station	78
MRT train	78
much	51
multiply	37
museum	63
music	57
music room	33
mute	57
mutton	6

N

nail	31
nail clippers	31
nail polish	25
narcissus	65
nation	89
National Day	86
national flag	89
nature	77
naughty	37
nearly	41
neat	27
neck	3
nectar	65
needle	31
neighbourhood police post	63
neighbouring countries	89
nervous	83
new	47
New Year's Day	87
New Year card	53
newspaper	52
nice and cool	75
night	39
nine	37
noodles	6
noon	39
north	49
nose	2
nostrils	3
not bad	57
not only	41
notes	53
notice board	32, 34
November	39
now	13
number	37
nurse	84
nursery rhymes	59

O

ocean	77
October	39
octopus	73
old	46, 47
on holiday	33
on top of	48
one	36
one hundred	37
one thousand	37
open	73
open space	77
oral examination	35
orange	11, 41
orange juice	14
orchard	11
orchid	65
organ	56
oriole	71
ostrich	71
outside	48
oval	42
overhead bridge	79

P

pail	23
paint	31
painting brush	53
palace	89
palm	3
pan	23

panda	69
papaya	10
paper	52
paper cup	27
paper flower	21
paper plate	27
park	61
parrot	70
pass through	81
passenger	79
pavement	79
pay a sum of money	31
peace	89
peach	11
peacock	71
peanut	15
peanut butter	13
pear	10
pearl	81
peas	8
peck	71
pedestrian	79
peel	11
pencil	53
pencil lead	53
pencil-case	52
people	41
petrol kiosk	79
pharmacy	63
photo album	27
photograph	27
physical education	55
physical strength	75
piano	56
pick	65
picnicking	58
pictorial magazine	53
picture	52, 53
picture chart	34
pie	12
pig	69
pigeon	71
pillow	24
pilot	83
pineapple	11
pink	41
pitiful	71
place	61

places of interest	61
plain water	15
plan	43
plane	43
plant	65
plate	23
play	51, 61
play ball games	55
play on a slide	61
play on a swing	61
playground	60
playing chess	59
playing computer games	59
pleasant to hear	57
pleasant to listen to	57
plentiful	7
pliers	30
pluck	65
plug	27, 31
pocket	17
police car	79
policeman	85
polygon	43
pond	76, 77
pork	6
possible	37
post office	63
postcard	27
pot	23
potato	9
potato chips	12
powder	25
pretty	41
price	37
primary school	33
principal's office	33
principle	89
programme	59
proper	89
prosperous and strong	89
protect	71
publish	75
pull out	65
pumpkin	8
pupil	35
pure white	27
purple	41
purpose	75

pyjamas	17

Q

Qing-ming Festival	87
quadrilateral	43
queen	89
quiet	27, 57

R

rabbit	69
race	55
racket	27
radio	27
railing	19
railway station	79
rain	75
rainbow	74
raincoat	17
raindrop	75
raise one's head	29
rambutans	11
razor blade	53
reading	59
rearing fish	59
recently	75
receptionist personnel	85
recorder	27
recreation	61
rectangle	42
red	40
reduce	37
refill(for a ball-point pen)	53
refreshment	13
refrigerator	23
relay	55
remember	43
repair	31
report for duty	13
rescue	83
respect	89
rest	33
restaurant	63
return	31
review	27

97

rhinoceros	68
rice	7
rice cooker	22
rice vermicelli	7
rich	7
riddle	59
ride a horse	55
right	47
ripe	7
rise	77
river	76, 77
river bank	77
road	78
robot	51
rocket	82
rocking horse	51
room	25
root	65
rope	31
rose	65
rot	11
rough	47
round	42
roundabout	61
rub	29
rubber	53
rug	21
rugby	55
ruler	52

S

sack	17
sad	51
safe	63, 81
sailing boat	80
sailor	85
salad	13
salt	23
salty	7
salute	33
sampan (small boat)	81
sandwich	13
satisfied	51
Saturday	39
sausage	12
save	83
saw	30

say what one thinks	75
scared	83
scenery	77
school	33
school anniversary	87
school assignment	35
school attendant	33
school bag	52
school bus	79
school fees	33
school field	33
school hall	32
school term	33
school uniform	17
school work	33, 35
schoolmate	35
science	35
scientist	85
scissors	53
scotch tape	53
scoundrel	37
screw	31
screwdriver	30
scrub	29
sea	77, 81
sea lion	72
seafood	7
seahorse	72
seal	72
seaside	61
seat	35
secondary school	33
security guard	85
see a doctor	25
seedling	65
seesaw	61
sell	9, 31
sense	41
September	39
serious	81
set in motion	81
seven	36
shadow	77
shady and cool	75
shallow	47
shampoo	29
shape	41, 43
shark	73

sharpener	53
she	5
sheep	69
shelf	27
shell	61
shin	3
shine	75
shine upon	75
ship	80
ships and boats	81
shirt	16, 17
shoe rack	20
shoe shop	63
shoes	17
shop	63
shop assistant	85
short	46
shorts	17
shortsightedness	41
shot put	55
shoulder	3
shout	57
shower	28
shower cap	28
shower curtain	28
shrimp	73
shy	37
sick leave	25
sing	57
Singapore	88
singer	85
singing	58
singlet	17
sit	81
sitting room	21
six	36
skating	55
skill	67
skin	3
skipping	58
skirt	17
sky	76, 77
sleep	25
slide	61
slippers	16
slow	47
small	46
smelly	69

98

smiling expression	15	starfish	73	**T**		
smooth	47	starfruit	10			
snacks	15	stars	77	table	23	
snake	69	start	81	table lamp	27	
snow	74	stationery	53	table tennis	54	
soap	29	steak	6	tadpole	73	
soccer	54	steal	11	take	15	
socket	27	stocking	17	take a bath	29	
socks	16	stone	76	take a walk	55	
sofa	21	story	59	take apart	51	
soft	47	story book	52	(of air craft) take off	83	
soft drink	14	stove	23	take good care of	37	
soil	77	straight	47, 83	take turns	61	
soldier	85	strange	73	talk	15	
sound	57	strange and new	73	tall and big	73	
soup	7	strawberry	11	tambourine	57	
sour	11	strength	75	tangerine	11	
south	49	string bean	8	tap	29	
souvenir	27	stubborn	67	taste	7	
sow(seeds)	31	student on duty	35	taxi	79	
space shuttle	83	study	27, 33	tea	14	
spaceship	83	stuffed bun	12	tea leave	15	
spade	61	subject	35	tea party	13	
spanner	31	subtract	37	teach	35, 57	
speak	15	succeed	15	teach or correct someone	35	
special	71	success	15	teacher	32, 85	
spectacles	16	sugar	23	Teacher's Day	87	
spheroid	43	sugar-cane	10	teacher's room	33	
spicy	9	summer	75	teaching aid	35	
spider	66	sun	76	teapot	23	
spinach	9	Sunday	39	tear open	51	
sponge	29	sunflower	65	teddy bear	50	
spoon	23	sunglasses	77	teeth	2	
sports shoes	16	sunny	75	telephone	21	
sportsman	85	sunshine	77	telescope	31	
spread	61	supermarket	62	television	21	
spring	74	surely	41	television programme	21	
spring onion	9	suspect	67	tell a lie	67	
sprout	65	swallow	70	telling stories	59	
square	43	swan	71	temperate	73	
squirrel	69	sweep	25	temple	63	
Sri Lanka	89	sweep the floor	25	ten	37	
stadium	55	sweet	11, 25	ten thousand	37	
stairs	19	swimming	55	tennis	54	
stamp	59	swimming trunks	81	textbook	53	
stand	27	swimsuit	81	Thailand	88	
star	43	swing	60			

99

that	49
that place	49
the countryside	59
the day before yesterday	39
the Dragon Boat Festival	87
the flesh of a fruit	11
the left side	49
The Philippines	88
the right side	49
the same	43
the same day	13
the school term starts	33
then	15
there	49
thermometer	75
thermos flask	23
these	49
they	5
thick	47
thigh	3
thin	47
thin and small	71
think	37
think of a way	71
thirsty	15
this	49
thread	31
three	36
three-dimensional	43
throw	21
thunder	75
Thursday	39
tidy up	25
tie	16
tiger	69
tight	47
time	13, 39
tired	25
tissue paper	17
to brush one's teeth	29
to do one's laundry	29
to wash one's face	29
to wash one's hand	29
toast	7
toaster	22
today	39
toilet	29
toilet bowl	29

toilet paper	29
tomato	9
tomorrow	39
tongue	3
tonight	39
tool	31
toothbrush	29
toothpaste	29
top	51
torch	21
tortoise	72
touch	29, 41
tour bus	79
towel	28
town	43
toy	51
toy car	51
toy horse	51
toy shop	63
traffic police	84
train	79
transport	79
travel	83
travel by (plane, car etc.)	83
traveller	63
tree	64
Tree-planting Day	87
triangle	42, 57
trick	43
tricycle	79
trumpet	56
trunk	65
truth	89
try	11
tuck-shop	33
Tuesday	39
tumbler (a toy)	51
turtle	72
twelve	37
twenty	37
two	36
type	27
typewriter	27
typist	85

U

ugly	41, 69
umbrella	77
uncivilized	67
uncle	5
under	25
underestimate	67
underground pass	79
underwater world	73
unforgettable	11
uniform	17
United States of America	89
upstairs	19
urgent	83
use one's brains	37
used to	25
utensil	31

V

vacuum cleaner	25
valuable	71, 83
van	79
vapour	77
vase	20
vegetables	9
vegetable basket	23
vegetable farm	9
very happy	61
video tape	21
video-recorder	21
violent	69
violin	57
visit	69
volleyball	54
volume	43
voluntarily	51

W

waist	3
wait	81
wake up	25
wall	20
wall lamp	21
walrus	73
war	89

wardrobe	24	well-known	15	wound	81
warm	75	west	49	wrangle	57
wash	29	wet	47	writer	85
washbasin	29	whale	72	writing	27
washing machine	23	when	13	writing brush	27
waste-paper basket	35	where	49	wrong	47
watch	17	which	49		
watch over the house	19	white	40		
watching television	59	white clouds	77	**X**	
water bottle	25	who	49		
water buffalo	69	whole body	29	xylophone	57
water colours	53	wind	75		
water polo	55	window	21		
water spinach	9	winter	75	**Y**	
water the flowers	65	wipe	29		
water vat	29	withered	65	yellow	40
watercolour painting	59	wolf	68	yellow weasel	69
watermelon	10	wonder	73	yesterday	39
waterweeds	64	wonderful	71	yo-yo	50
wave	61	wooden plank	19	you	5
way	41	woodpecker	70	young	46
we	5	woods	65	younger brother	5
weather	75	woollen sweater	17	younger sister	5
Wednesday	39	word card	35		
weeds	65	worker	85	**Z**	
week	39	world	89		
weightlifting	55	worm	67	zebra	69
welcome	87	worry	51	zipper	17